TODOS LOS MODOS DE DECIR NADIE

Miguel J. Álvarez

TODOS LOS MODOS DE DECIR NADIE

Miguel J. Álvarez

Ilustraciones de
OZKU

Introducción de
Iván Loyola

EL BARCO EBRIO
EDICIONES

Todos los modos de decir nadie

9 sur 108, col. Centro
Puebla, México, 72000
elbarcoebrioediciones@gmail.com

Primera edición, marzo 2023

Imagen de portada:
Jorge Lopez

ISBN:
978-607-99848-5-4

Impreso y editado en México

Perder como una condición metafísica

> Me gustaría creer que el yo es una ilusión;
> pero eso no impide que sea una ilusión dolorosa...
> Michel Houellebecq, *Las particulas elementales*

1

El fracaso, el desarraigo y la pérdida son los hilos conductores de la poesía de Miguel J. Álvarez. Su obra está determinada por dos acontecimientos que marcan su lugar en el mundo: la ausencia del padre y el rechazo de la madre. Desde el primer texto nos muestra la tónica de su obra:

> Me he convertido en mi propio padre.
> Nunca supe de quién se trataba,
> cómo vestía,
> su manera de caminar,
> hablar,
> [...]
> De pequeño crecí sabiendo que mi madre lo odiaba.
> ¿Por qué no? Si le quemó la adolescencia,
> la virginidad,
> el amor.
> Después vino la traición.
>
> Mi estado introspectivo, huraño y ermitaño, llevó a mi madre a llamarme demente, psicópata y demonio [...] tal vez ella fue la primera persona en conocerme en plenitud.

Son estos dos acontecimientos, estas situaciones límite, como las llamaba Jaspers, las que marcan la existencia y la obra de Miguel Juárez.

2

Confesional y, casi siempre, visceral, su obra se sumerge en las simas de la existencia, en la derrota y en los sinsentidos de la vida. Exhibicionista y casi pornógrafo (en su sentido decimonónico), se regordea en mostrarnos los bajos fondos de la vida:

> Estoy teniendo sexo con imágenes de mujeres desechables, ningún afecto me orilla a clavar mis estigmas en su piel. ¿Qué clase de amor existiría en esta vitalidad pornográfica? Endulzándome la vista con todo descaro, las hago parir en silencio, sin reclamaciones.

3

Aunado a esto está la insignificancia personal. Dominados por el mundo de la simulación, del mostrar y del pretenderse exitoso, Miguel Juárez corre el velo de la apariencia y nos exhibe el mundo descarnado, pero más real, de los menos afortunados, de los que no tienen, pero tampoco esperan que mejore su suerte:

> Que el dinero no alcanza
> que tengo un trabajo en que no aspiro a nada,
> y no tengo claridad para el futuro.
> Ya no seré algo,
> porque ahora mismo ya soy nadie.

E insiste:

Qué perrita está pinche postura cobarde
de encogerse de hombros y no levantar la mano
y decir: !yo soy el más cabrón!

4

Aunque no toda su poesía está viciada por la parte negativa de la realidad. Proveniente de un pueblo enclavado en la Sierra Norte de Puebla, Luis Álvarez evoca en parte de su obra la inocencia, la infancia y la añoranza por superar la condición familiar. En algún lugar menciona:

> Un día eres un niño tierno y feliz. Y todo es bello y cercano a ti. Tu meta es dar amor y hacer el bien y perdonar a tu padre del que nada sabes. Estás bien y está claro que nunca lo echaste en falta. Deseas amar y echar tus frutos a la tierra. Y piensas que si un día decides también convertirte en padre, jamás serías como aquel fue.

Y están también los recuerdos. El del abuelo, un hombre con boca podrida por tanto beber alcohol, con su cuarto nauseabundo cuyo hedor solo él era capaz de soportar. Pero también conoce el amor, a través de la abuela. Todos hemos tenido la fortuna de conocer a seres con una capacidad ilimitada de amar, *que en realidad no concebían otro modo de vida más que el dar su vida a los demás* [...] *En la practica, estos seres humanos casi siempre han sido mujeres*.

> Incluso allí está ella todavía, cocina, barre la casa, me espera con sus abrazos, y está conmigo hasta que llega la noche.

Siguiendo la lectura, somos testigos igualmente de la experiencia que su autor tuvo al encontrarse con una palabra, tan amada y rechazada, por la que conoció a «gente desfachatada, trastornada por los mismos nahuales del pulque y la fantasía» y por la que dejó el pueblo para emigrar a la ciudad.

> Muchas veces bajé con ella a su jacal de tierra. Mientras echaba tortillas para sus hermanos yo cantaba alguna de Bronco o le daba de comer a los puercos. Un día me la encontré camino a la biblioteca. Me dijo que debía hacer una tarea. —Necesito un libro de *filosofía*— fue la primera puta vez que yo oía esta palabra.

Y nos refiere además que, en algún momento, dejó la filosofía por la poesía. No sin alejarse del todo de la primera, pues siempre está presente en su obra. Y más de una vez se hace la pregunta filosófica por excelencia: ¿Para qué estoy yo aquí?

5

El poeta insiste en la ausencia del padre, el fracaso amoroso y personal, la pérdida y la miseria, pero también se pregunta por la posibilidad de la palabra y, de la poesía en especial, para redimir el dolor de la existencia.

> Escribir es una condición inmanente a la vida, no es que hallemos remedio para lo inevitable, pero mantenerse al filo de las palabras nos puede proteger de acelerar el paso hacia el abandono.

Iván Loyola

De la lumbre a flor de día

Me he convertido en mi propio padre.
Nunca supe de quién se trataba,
cómo vestía,
su manera de caminar,
hablar,
sentarse para comer,
equivocarse,
maldecir o llorar.
Pasé la vida armando, de los recuerdos
de mi madre, una figura ficticia,
fantasmal de su carácter,
su apariencia,
el timbre de su voz aparentemente igual a la mía.
También soy el mismo en cuanto
al tema del abandono.
A partir de esta circunstancia se ha ido gestando
un vínculo remoto entre mi padre y yo.
De pequeño crecí sabiendo que mi madre lo odiaba.
¿Por qué no? Si le quemó la adolescencia,
la virginidad,
el amor.
Después vino la traición.
Ella supo las cosas que él siempre ocultó.

La existencia de su primera familia,
los hijos.
Vino una sombra de desdicha que cambió
para siempre el destino de ambos.
Nunca pude conocerle.
Al llegar mi edad adulta lo intenté
con mis propios méritos.
Pero no tuvo la disposición de salir a atenderme.
Al cabo de los años he repetido la misma conducta.
Conocí a una mujer.
La más triste,
la más solitaria,
la que me pareció más distinta de todas,
aquella con la cual tuve la confianza de hablar
sobre mis miedos y frustraciones.
Como me sentía incompleto había decidido encontrar
a otro ser incompleto pero bello, porque también
dentro de mí habitó un tiempo la belleza...

Los temores están ahí,
a mi lado,
como perros satisfechos.
Plácidos dormirán pendientes de mis acciones.
Soy un domador de fieras.
Esperan que les ordene.
Ataquen.
Entonces se abalanzarán contra cualquiera.
No conocen la discreción.
Abusan.
A veces me desconocen.
Entonces tratan de herir la mano
que los acaricia en instantes de desolación.

¿Quién mejor sabe cuál es el mejor sitio para celebrar este accidente que implica el estar aquí de pronto, a la mitad del delirio de astros sin retorno en su prisa después del estallido en marejada hasta el fin de los tiempos?
Después de todo, no hay duda, escribo con el incendio de mi corazón. Soy un arbusto solitario crecido al filo de un barranco. ¿Quién pudiera tener la paciencia del aire en poblar el cielo de arcángeles cuyo trueno derrumba? ¿Qué cosa poner sobre la vida? Lo esencial a veces no puede escribirse, es no más lo acontecido y no hay manera que pueda relatarse de la mejor manera, Y aún después de lo vivido, reconozco este nombre, este modo infinito de llamar el teatro mudo montado dentro de mí.
Pienso en mi infancia de pronto transcurrida. Un sueño, que no alcanzo a recordar con claridad. Y fue tan absoluto, tan permanentes aún parecen esos días. Incluso allí está ella todavía, cocina, barre la casa, me espera con sus abrazos, y está conmigo hasta que llega la noche.

Los días en que él me dijo:
¿quieres un refresco?
y después de darle un trago interminable con su boca podrida de alcohol me acercaba la botella, la cual yo siempre recibía con asco.
Esperaba su distracción para regar de a chorritos el refresco sin beberlo jamás.
Después me decía, anda, vete a ver a tu abuela, allá voy al rato.

Pasaban las horas, nunca llegaba a comer, pero finalmente aparecía totalmente borracho y se encerraba en su cuarto donde el hedor solo él era capaz de respirar. Así fue el devenir de los días tantas veces transcurridos.
Hasta parecía que nunca habría de llegar de pronto la adolescencia y de ahí mi adultez repentina. A decir verdad, nunca creí que después de los diez años llegarían estos momentos en que me pongo a resolver algunas trilladas preguntas...

Estos días, días de plata y música,
endurecidos, exiliados.
Olor a difuntos.
Poblado de mendigos fulminados
en el quinto patio sin techo.
La pregunta recurrente: ¿Para qué estoy yo aquí?
Somos herida tierna, un dolor de coyunturas,
la queja arrítmica de una falla geológica.
De allí brotamos, de esa edad ya consumada,
de ese movimiento telúrico,
monstruoso, fugaz,
insensatez de la danza
cuyos árboles sembrados en los boulevares
saben de memoria.
Y después, mucho después, llegarían ellos.
Ella viniendo dulce, amorosa,
con el color rosado de ciertas manzanas al pie de calle
acomodada en piedras verdes.

¿Qué hay al final del viaje?
Le pregunto a la sed
la macabra sed de estar ausente.
Recoged los remos, que al fin y al cabo no hay aquí ningún tipo de mar o arrollo, al menos donde remar siquiera.
En fin...
Ni tan solo remos,
solo es una figura recurrente a fin de llamar al motor vital, esa añeja energía con que uno se levanta y se pone a caminar a través de lugares comunes,
el encierro es extenso,
caben adentro,
todo el océano,
todo el desierto,
todo el peso de la atmósfera,
toda la liviandad del sueño.
No hay sitio para ir a alguna parte.
Todo es Dios y nada.
Las distintas configuraciones de la existencia
son apuntes sobre un mismo detallado proyecto.
¿Qué hago en medio del crucigrama?
¡Basta!
Que se flagelen los prisioneros de Cristo.

Ahora mismo, igual y se es el muñeco favorito
hecho del trapo con el cual se asientan las heridas
pintadas de regla.
Ahora mismo este suceso nos parece oscuro, pero al fin y al cabo, muchas mujeres cuyos cadáveres en su

mayoría se han podrido, lo confirmarían fehacientemente.
Un rollo de trapo impregnado en sangre, un tapón de cuero para drenar la sangre de los cochinos.

¿Es esto una película?
Escucho al fondo las notas incomprensibles de una bomba de agua, más atrás un compresor se abastece de un aire purulento.
Esto es el cáncer del mundo.
Al final todo se derrumba,
los ídolos,
escarcha de las cámaras de congelación,
esos embriones regados en las alcantarillas.

Uno es este ser risible,
desprotegido, ambulante,
distraído, amable,
entrometido, ingobernable.

Uno es este moribundo,
triste,
mezquino,
disfrazable,
aventurero,
soñador de encuentros imposibles.

Uno es el curso de los hechos discontinuos.
El tiempo bravo.
La memoria.
Uno es su propio paraíso,
su propia puerta,
su mausoleo,
su propio misterio.

Uno es su abandono,
su distancia,
su acopio,
su yo solo.

Uno es su perseguidor,
su extraño,
su ladrón,
su espía,
su asesino a la puerta,
su confesor.

Uno sabe,
uno lo niega todo,
uno es el que espera,
construye,
realiza,
echa la semilla,
hace arder la tierra,
inventa las catástrofes.

Uno es el mundo,
la vida,
las banderas,
los andenes,
los puertos,
el escombro.

Uno es el nombre,
de los antiguos modos de decir, nadie.

Hay una exigencia recurrente en avergonzarme de todo lo que hago.
Que si planeé mal el camino al escoger filosofía como el asunto de erigir mis primeras palabras, que si opté de buena gana en olvidar estas primigenias intenciones, cambiando los libros por un alegre intercambio de sexo vehemente, siempre correspondido por el placer amargo de la cerveza y el gemido natural estridente de la poesía.
Que si el delirio de iniciar un viaje sin despedidas convencionales, que si es preferible una conversación improvisada, que si una carta mal escrita a propósito de mis constantes faltas ortográficas, que si mi gusto por la gente desfachatada, trastornada por los mismos nahuales del pulque y la fantasía.
Que si tengo ganas de arrodillarme ante una estatua de yeso, de besarle la frente a todos los santos y a los apóstoles de la última cena. Qué si tengo ganas las de seguir creyendo que nada de esto tiene límites, así pues, los confines son también principio de las cosas. El trabajo parece de repente una trampa donde mi respiración es bajo tierra.

En una edad muy temprana, lo recuerdo claramente, comencé a sentir aversión hacia los otros. Buscaba por todos los medios estar solo, ya que había tantas cosas que imaginaba y pensaba, que no quería perder un solo momento en mantener una relación trivial con alguien más perdiéndome de lo que mi propio ser me proporcionaba.
Quizás también fue por esta imaginación desbordada y mi carácter intrépido e introvertido que preferí la masturbación a las relaciones ambivalentes con otros seres.

Mi estado introspectivo, huraño y ermitaño, llevó a mi madre a llamarme demente, psicópata y demonio. Ahora entiendo que tal vez ella fue la primera persona en conocerme en plenitud.

De un tiempo a la fecha he tratado de reconciliarme con este aspecto demoníaco de mi personalidad, quiero saber qué representa, sin prejuicios, ni interpretaciones morales.
Recientemente, tuve un sueño, soñé que estaba en el ático de una antigua iglesia; un sacerdote me echaba de ahí, yo rodé por el suelo; llovía, y pude ver el agua salpicando los guijarros. No recuerdo claramente lo que el anciano decía en su sermón, solo que me llamaba como hace mucho nadie más que mi madre lo ha hecho, me decía, pues, demonio, y que como tal no debía estar entre los humanos, porque cualquier cosa que correspondiera a ellos me haría infeliz o los haría infelices a ellos; también dijo que mi naturaleza era más básica, tan sencilla como la de las baldosas, los

insectos y el lodo.

Me vi absorto de bruces en la tierra como una sabandija que no siente extrañeza por las inmundicias, sentí de pronto que la naturaleza demoníaca es todo aquello por lo que el espíritu humano siente repulsión de lo cual yo jamás lo sentiría. Experimenté una sanación instantánea al sentirme parte de ese cosmos que está situado en la base de toda civilización, de todo conocimiento y todo lo humano. Pude apreciar mi instinto como hervor de larvas en la carne muerta o como las ardientes llamas de los troncos de encino, sentí mis extremidades como el lodo reblandecido en las riberas de los ríos, me sentí crecido tal como arbustos sin nombre, malezas brotadas en el borde de la calle, basura que se acumula en las alcantarillas formando ese alud que se desbordará para fecundar nuevas ciudades.

En ese trance mental por fin la muerte dejó de ser una carga, el dolor se disipó en un zumbido de avispa, la noche me mostró su íntimo resplandor y yo por fin dejé de ser hombre y comprendí mi naturaleza demoníaca por la que siempre sentí vergüenza.

Que el dinero no alcanza
que tengo un trabajo en que no aspiro a nada,
y no tengo claridad para el futuro.
Ya no seré algo,
porque ahora mismo ya soy nadie.

Que escribo lo que aburridamente no vale la pena.

Tengo una vieja bicicleta,
tengo una vieja manía de odiar al mundo,
odiarme,
hacerme el ausente,
(esto resulta al menos
cuando hay cosas que responder).

Cuando no se tiene más,
lo que siempre queda
es tratar de molestar.

Con lo que gano no me alcanza,
ni para alquilar una mudanza,
ni para pagar la renta,
estos días se vienen agrios,
hay quién se quita del camino
por no querer enfrentar lo indiscutible.

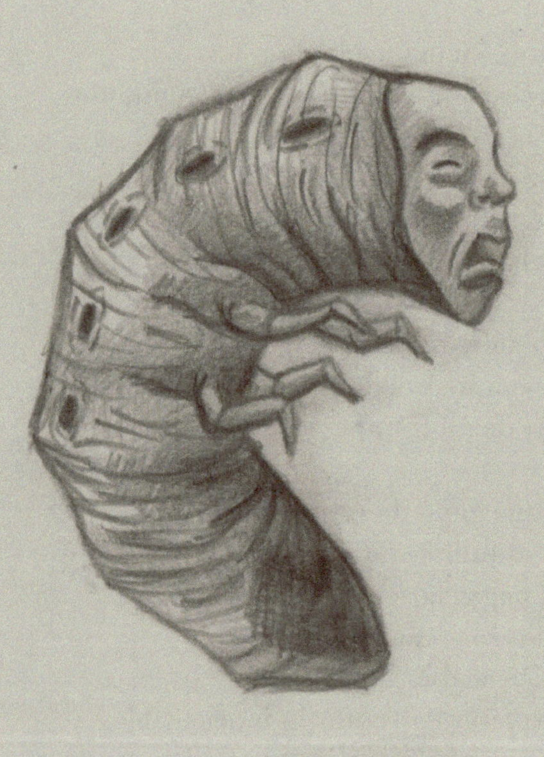

Fragmentos de un poema clandestino sin código de barras

Quiero tener insomnio la noche que Dios ponche
sus llantas y salga caminando
sobre la piel cancerosa del mundo

Aforismos de un soñador de palabras

I

Escribir es una condición inmanente a la vida, no es que hallemos remedio para lo inevitable, pero mantenerse al filo de las palabras nos puede proteger de acelerar el paso hacia el abandono.

II

La edad de los hombres es medible con base a la edad de sus obras, el tiempo restante es un tiempo perdido, natural, necesario para gestación de nuevos hombres y nuevas obras.

III

El deber de escribir proviene de la necesidad que tienen algunos seres de morir al máximo su propia vida, dado que la muerte tendría que entenderse como un estar presente en el acto mismo de la vida.

Génesis

Con la curiosidad de un gato
contemplo largamente las palabras que escribo,
y tengo la impresión de ver enfiladas
las huestes de una guerra no ganada.
¿Será motivo del encierro contar con muchos alaridos
gráficos y muy pocos poemas?
Lo real de esta cárcel es llegar hasta aquí
con reproches.
Qué mala suerte tengo de ser poeta,
en vano se me ocurren pocas cosas
cuando quiero decirlo todo.
Pero en esta fe de ratas, hay quien se dedica a tapar
agujeros por donde pasan los pájaros.
Por eso es común encontrarse una noche de invierno
seco, un colibrí intentando beber el néctar
de una calcomanía.
Hay algo que cuentan los que llegaron temprano
al festín de los dioses idos;
en un principio era el verbo,
a partir de esto, siglos y siglos, la carne que somos ha
buscado entre alucinaciones enciclopédicas los huesos
de la palabra.
La perversión es manifiesta cuando se tiene que elegir
entre cursivas y negritas.
Quedar a solas, con un charco de líquido veneno
como único espejo
y más allá del firme aposento de las cosas
ser un viento largo ya sin amo que nos ate.

Desahucio

He venido al mundo a tener hambre
menos mal que mi oficio también es vender,
he podido hipotecar mi soledad a plazos indefinidos
cobrando solo lo que consumo.
Cuando ya no tenga soledad
trataré de alquilarle mi alegría a un juez de paz
si es que no me amarga tener que quedarme solo
de silencios.
De ser así puedo pagar con los billetes del usurero
a quien venda mi tristeza
la renta de un campo santo donde puedan estar
tranquilos mis fantasmas.
Puedo vencer el miedo a saber qué hago si remuevo
los muros que me sostienen a dos aguas.
Puedo vencer el peligro de perderlo todo
en un fraudulento acto
o granjearme la generosidad de un rico.
Puedo vencer al odio, guardián de la memoria.
Nunca sabrán que lo que quise fue matarla
echar sus óseos gritos en una caja de fruta verde.
Puedo vencer mis adicciones,
principalmente aquellas que me revelan
la realidad artificial,
me quedo con el amor y sus torpezas.
Puedo vencer a la muerte
menos mal que mi oficio también es escribir,
escribiré un texto largo que vayan leyendo de uno a
uno los hombres.
Puedo vencer la eternidad, pero al hambre, no.

No es la fuente de las danaides el origen del pensar

El que tanga ganas de ver…
verá.

***

Maravillosa noche
donde ni lejanas las máquinas se oyen
como si temieran ellas mismas
que alguien les afloje los tornillos.
Un barullo de perros bravos y grillos
dicen lo que el silencio quiere que sepamos.
Lo descubrí hace poco,
antes fui renuente a la luz eléctrica;
pero es sorprendente ver aquí en la tierra
todas esas estrellas apacentadas.
Alguien tose,
hablan alto afirmaciones imprecisas
inútilmente, pienso en un cigarro,
encienden ese carro de trancazo
y parece como si el motor de esta nave galáctica
nos propulsara de pronto
hacia un rumbo desconocido.

***

Siempre me ha gustado beber de un traste grande.
Cuando me empino ese pocillo, la jarra,
el vaso de Batman o la olla de café,
vuelvo a mis orígenes un instante.
Cuando el pozo era pozo y en él de cuclillas bebía

mirando una rana nadar al fondo
de esas piedras tan limpias como el jade.
Siento un ansia de pez por acurrucarme
bajo la sombra fresca de los berros.
A veces mi delirio es más terco
entonces nado hacia la corriente,
me quito huaraches y ropa,
estoy listo para ser el agua desnuda,
la serpiente guardiana.

***

Debo dos meses de renta
¿aceptarán en prenda en alguna casa de alquiler
mis versos?
mejor que no es así.
A cuántos bárbaros habría empeñado ya
mi cursilería. Que por poner:
«tus ojos en medio del hastío
son dos astros señalando el sur»
un buen bagaje de cláusulas firmaría
con lo que sin problema alguno
el mes siguiente refrendaría diciendo:
«confiaré mi barca al horizonte
para adentrarme en el trópico
donde el néctar de tus pechos aborígenes
será mi único sustento».

***

¿Y si la vida tuviera que ocurrir completamente
nada más y mejor que ahora
dentro de esta habitación
conformándome con la compañía

de este bolígrafo endeble y mi cuaderno,
y a través de la ventana
tuviera que inventarlo todo?

***

Así nacen los poemas
diciendo un poco y de todo nada.
De vez en cuando una palabra da con otra,
se ensambla, embona,
y surge con un poco de suerte
la voz en fuga de un corolario nuevo.
Cuando llevas un tiempo fabricando y puliendo
los versos más perfectos aún así te das cuenta
que faltan los poemas.
La ironía es interminable.
Ser poeta es un trabajo de fotosíntesis,
el más orgánico de los procesos
se tiene que ser catador de néctares y venenos,
probar la carne muerta y la que sigue latiendo.
Trabaja duro para que tus manos
liberen ese oxígeno que deja un rastro de palabras.

***

Me tranquiliza ver que hay astros,
eso para mí es saber que hay vida
en todos los rincones.
Algo así de esplendoroso que no paga el alquiler,
ni la luz, ni el agua,
es todo lo bello.

***

Vacío de formas y branquias quisiste sumergirte
a lo profundo
donde las sombras resisten la mirada de los astros
nada de polvo y hiel recubre los poros
de esta anónima ciudad
¿qué vendrá después del silencio?
en broma suponer es la vida o la muerte un cuento,
al pasar me he quedado triste,
nos atrevemos a decir que es así cuando algo falta
entonces brotan sin remedio los pensamientos.
Algunos, que son menos piedras que tumores,
crecen en racimos silvestres, se hacen llamar ortigas,
sencillas cactáceas o árboles con espinas.
Los otros, los más blandos, aquellas carnosidades
que no pudiendo ser oído, nariz, corazón, pezuña,
han tenido el coraje de ser brisa, viento o palabra
esta compleja simbiosis que da origen,
se remonta a la edad del dolor sin miedo,
nada de esto es explicable;
solo la concha del Nautilus lentamente labrada
por las corrientes marinas sería capaz de representar
el misterio,
incluso el despertar porque el soñar así lo quiso
de ciertas especies de hombres
que han pasado el tiempo de la memoria
en una crisálida.

Cartas en a una desconocida

Niña sonrisa:

I

No recuerdo la fecha en que nos conocimos, lo más probable es que no haya sido en esta edad, es un tiempo de muchas inconsistencias. De cualquier forma, nuestro encuentro, exige no depender de circunstancias aleatorias, sino del acontecer primigenio de los hechos. Lo cierto es que yo, aquel día, me encargué de construir un puente metafísico hacía una época donde ambos ya estuvimos entregados a una pregunta recurrente: ¿a dónde irá todo esto? Todo el amor y las frutas cosechadas de la vida. Así, al fin constaté; el olvido, es solo el encuentro futuro que nos hace evocar lo tantas veces presente.

Sé el peligro de decir tantas palabras, pero hay algo más altamente demoledor, permitir que se nos queden amarradas en algún rincón de nuestro ser.

II

Hay días también que me viene una política gana ubérrima de querer demostrativamente, sobre todo cuando estoy triste, meditabundo, entonces es cuando mi espíritu habla. En ese instante el amor es una manera de inventar lo perdurable, un camino para los que deciden volver a casa. Entonces apresuro el paso, las orillas de donde vengo son terrenos escarpados, secos, inhabitables. Allá, cerca de los bosques donde la mitad del año murmura el agua como un gorrión de barro suspendido entre la hierba, está mi casa tibia, soñada, y un fogón de leña seca alumbra y me calienta las manos. Cerca de ese encuentro onírico con las cosas de la infancia, entre la complejidad de Edipo y la manía compulsiva de querer volver al seno de mi madre, también el resplandor de las palabras que todavía no pierden su vínculo inmanente con las cosas, están presentes. Así pues, en este contexto de clarividencia que llevo embarrado como un ungüento balsámico en la piel, soy capaz de sentir la diáfana sencillez del aire por primera vez, el vértigo a la orilla de un peñasco, el delicioso aroma perfumado de las limas, el misterioso no saber si son cantos o campanas aquellos trinos del jilguero, la incógnita del porqué en la tierra callosa y dura pueden brotar las flores, especialmente las gachupinas que reproducen misteriosamente desde lo profundo los colores del arcoíris. En ese contacto cercano a las cosas simples, a la sencillez de un puro brote, me encuentro tan próximo a una interpretación sentida de lo divino. Allí están, junto al árbol, destellando los rayos del nuevo día, es preciso llamar a tal alumbramiento de alguna manera; más que un renacer, un estar presente, un encontrarse, un haber llegado, de cualquier modo que pueda entenderse ese misterio, todo me parece ahora tal y como tú. Ya te he dicho que provienes de un lugar amado de la infancia, un lugar al que vuelvo siempre que estoy triste, meditabundo, entonces, es mi espíritu el que habla.

III

Antes y después del fin de este mundo;
el amor…
salvarlo requiere su cálculo, su traición, su dominio,

su muerte, su miseria, su silencio.
¿Qué soy frente a estas riberas fronterizas?
me siento envenenado, marcho a tientas,
me sueño uno solo entre todos los hombres.
Muchacha de todos los días,
mientras crecías y mostrabas al sol
esos capullos de dócil sombra,
yo iba por el mundo portando la rabia de mi estirpe.
Te ofrezco la mano por esta vereda
que cruzamos un instante,
bienvenida al reino de las cosas.
Aquí,
los días,
el aire,
el hechizo de la verdad
y la ciencia
y la poesía...
hembra santa en cuyo útero limbo
retoza nuestro huevo futuro.

De los muchos animales que convoco para encontrarme conmigo mismo, el perro es quien me conduce siempre a las profundidades de la noche.
El ajolote, en cambio, conduce mis pies en las regiones transparentes del agua y el aire.
Aquí en la ciudad de México, en la gran *Mexicayotl* que como un islote suspendido flota todavía, yo también he venido a navegar.
Ciudad de trasparencias donde las piedras arden como carbones de pedernal.
Puedo sentir la evaporación de mis propias vértebras y la llegada de la inspiración como el fantasma tibio de la muerte.
Mis ojos en nada se sostienen, ruedan igual que las cuentas de jade entre la luz primigenia.
Voy andando, no sé bien hacia dónde; es lo que importa menos.
De cualquier manera, todo el tiempo voy bajando mientras subo, voy subiendo mientras bajo; del mismo modo que los peces se mecen en las corrientes.
No comprendería este mareo si no recordara de pronto mis orígenes, mis branquias, mis cartílagos, de gusano de río.

Presagio

Llegará un día, ya lo dijo Storni, que nadie sepa dar la hora, ni el gallo anunciante de la muerte, ni la caricia hendida del zancudo que nos recuerda con sus gaitas angélicas que somos carne, pus y sangre.
Llegará el día que la ventana dé a una noche sin astros, y en vez de grillos la llene un tintineo de hielos afilados mecidos por un aire desesperado.
Los ojos que ven serán trozos de carbón y sus iris apagadas flores.
Las manos mutarán el arte que las hizo escribir en un remolino, queriendo ahogar en mansas negras aguas el cerebro de las últimas máquinas.
Llegará un día que en el antiguo sur las rupestres rocas blandan en la cima de sus palacios enjaulados, el estandarte de un nuevo reino donde todas las estatuas calizas imitarán un antiguo teatro mudo, y en la madreselva hundida retoñará el silbido de los hombres pájaro.

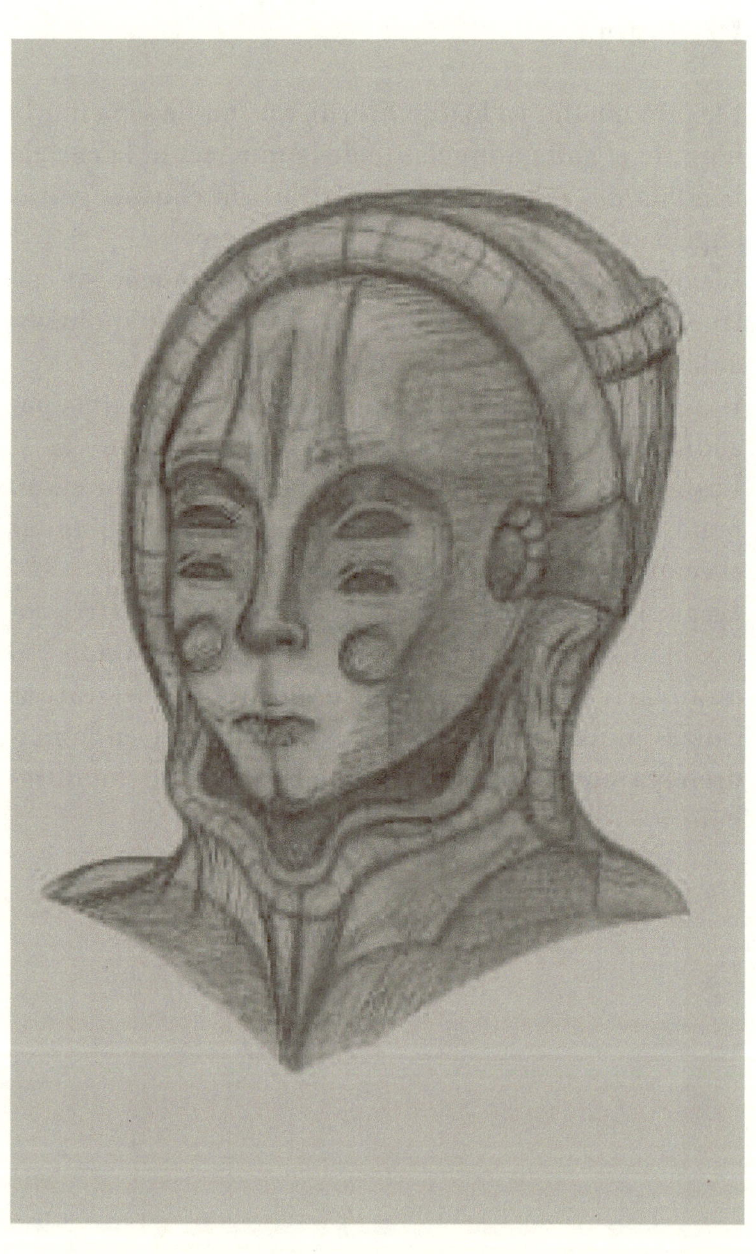

La raíz apantanada

Lo propio de la poesía consiste en ser una continua creación y de este modo arrojarnos de nosotros mismos, desalojarnos y llevarnos hacia nuestras posibilidades más extremas.
El arco y la lira, Octavio Paz

Los animales domésticos

I

Una mosca viene advertirme de cosas que no entiendo
husmea entre mis libros
vaga por mi cuarto
me reconoce por la mirada
por la forma de espantarla.
¿Quién sabrá lo que me dice el esperpento?
Me divierte su mórbido aleteo,

Mosca de patio sucio,
tal vez desea probar la sangre del himen desflorado
sangre de cuchillada, sangre de toalla salpicada,

Mosca de letrina
busca su mierda en mi zapato,
se monta en mis brazos
se trepa en mi espalda

lo piensa dos veces
puja, se persigna, extiende los brazos,
vuelve a emprender el vuelo.

***

Todo era amor y desamor en él
vanidad e inocencia
frigidez y calentura
dulzura y desenfreno
temor y agresión
sagacidad y estupidez
haraganería y cautela
ridiculez y elegancia
sensibilidad al tacto
y a las pinches Wiskas.

***

Cuántas veces habría que toparnos
con una vaca en el ascensor
si la leche no saliera más que
succionándola directamente;
sin la comodidad de ordeñar, empacar,
embotellar el jugo lácteo,
todos tendríamos una vaca en vez de sala,
y tendríamos que pasearla
o irnos montados al trabajo,
aunque nada sería más grotesco
y horripilante que una vaca de oficina.

***

A veces pienso en Félix mi guajolote
—en el primero que tuvimos—.

Arremedaba la música
¡Gordo, gordo, gordo! —Siempre decía—
Su porte era de señor
Su talante de antorchista defensor
Presumido comunista
De zarzuela cantor.
Parecía un elefante rudimentario
Con pico, alas y rabo de nube
Abanico solar, penacho de guerrero águila
Copilli de jaguar.
Pienso en su faz de hechicero nahual
En su estupidez natural
En su semblante azulado y rojo
Como el amanecer del mar
Derrochando millones de pescaditos.

***

Las luciérnagas son migas de estrella
a quien Jesús y Judas comparten como pan sagrado
mientras cenan, se emborrachan
por última vez.

II

Pakchichi

¿A quién alabas, pájaro malhechor,
antes de levantar el vuelo del hacha
y romper los cristales de mi alma?
¿Quién te invita a postergar tu marcha
para trasnochar el equilibrio del silencio?
¿A quién dedicas las siniestras notas de tu cítara,
inundando de temores mi desvelo?

Mestli 2

A través de un cielo de obsidiana
la luna es una perra que amamanta sus cachorros
o algo así como un huevo de oro
en el agua transparente.

Cuexpallin

Una lagartija se apresura frente a mí,
comprende la taquigrafía de la piedra,
sabe que mis pasos (soplos de hierba)
no son tan extraños a eso que escribe
paciente el caracol
con su único dedo,
alumbrado por las estrellas.

Jaripeo

El viento; caballo en celo
patea puertas y ventanas
restriega su crin en las paredes.

La muerte

I

La muerte es algo más que el hervor de la carne
arrinconada donde no existen comienzos,
donde el cielo es un espejo líquido
y el dolor una caricia de árboles meneándose.

II

La muerte es una palabra, que designa
muchas cosas
pero necesariamente ninguna,
por eso es tan análoga a la sangre
y a la negra luz de la noche.

Palabra, como cualquiera del diccionario,
pero cuando queremos hacerle un retrato,
la muerte es todo lo que se mira;
desde la procesión de las hormigas,
hasta la complicada hélice de la libélula.
Todo lo que se palpa;
desde las orejas tibias de los gatos,
hasta el aguijón de una retrocarga.
Todo lo que se oye;
desde la tocata de Bach,
hasta el croar de las ranas.

La muerte (2)

La muerte no es el fin
se parece a la tarde que nos conocimos
cuando ambos colocamos la mirada
en algo de nosotros
como para protegerla de un peligroso daltonismo
o una ceguera crónica.

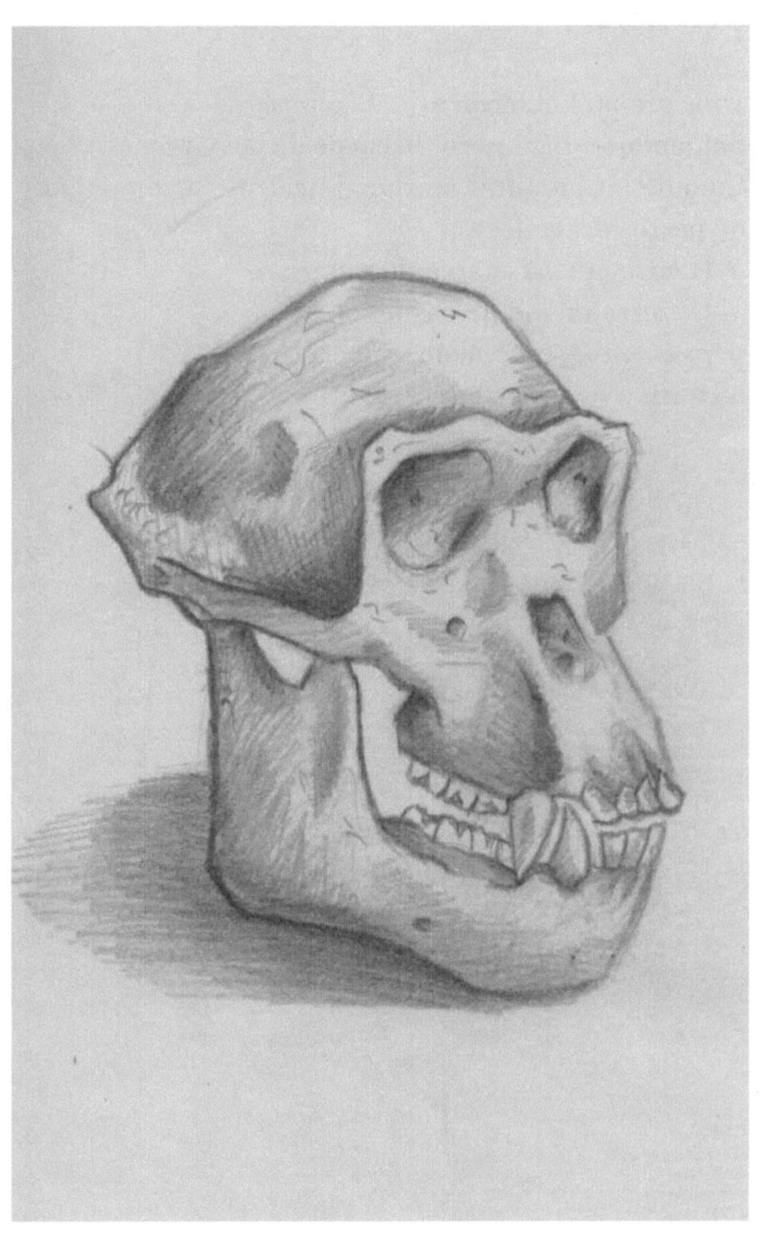

Génesis (2)

Dios preparó el fermento de la miseria
poniendo su báculo en la carne de las vírgenes.
Cuando los hombres morían descalzos en compañía
de perros dragones
Y el cielo era un charco de sangre
Y la tierra un ojo que arde
pero el amor sigue siendo un cactus
a la orilla de un peñasco.

Brasas de leña

Un poema es más mortal,
que el amor
la soledad, la muerte.

Un poema tiene que ver con el mecanismo
de las bicicletas
sin tener nada que ver con la mecanización
de las palabras.
Un poema se llora a lágrima viva,
se canta a carcajada suelta.

Un poema es un poema,
y es una mujer y es un niño
y es una flor y es un árbol y una brasa de leña.

Amor

El amor no existe en concreto,
solo es la vida de nuestros cuerpos,
la sombra de nuestras almas,
la sed,
el latido.

***

El amor no tiene cosas que puedan soltarse
con la lengua,
decirse con la boca,
escribirse en una hoja.
El amor es silencioso
como una pluma en el aire,
una nube en el cielo,
una roca en el agua,
una fosa donde van los muertos
a olvidarse de sus secretos.

***

Me llevas en la sombra como un perro
que te sigue te huele,
te desconoce,
te muerde.
Soy la orilla de un cristal que corta
un tumor que no duele
un hijo recién dado que te chilla dentro
un escapulario que te protege de Dios y el diablo.

***

La vida es una espiga de sal en la lengua
breve gota que en la tierra desaparece
un remolino que lo sacude todo y todo lo envanece.
Vivir es recordar aquello que fuimos en particular
carne de gusanos
Y aquello que somos, en general,
fragmentos de un mismo astro.

***

Nadie más conoce la geografía silvestre
de tu milagrosa carne.
Tampoco este juego
de separar con mi boca
el púrpura vegetal de tus pezones.

***

La geometría de tu ombligo
está determinada por su noche de Nautilus.
La de tus pechos
por su dulzura de duraznos.

Consuelo de un moribundo

Aún desconozco la tumba donde dormirán mis huesos
el aroma etéreo del paraíso o el patíbulo del infierno.
No sé nada de mi suerte
pero tengo la ilusión de conocer realmente algunas co-
sas de este mundo que abandono:
los bordes de una roca,
la hostilidad de una colmena,
el lila suave de la bugambilia.

Confundí
respiro con suspiro
amor con arrebato
maldad con bondad.

Pero no pude evitar confundir tus ojos negros
tu rostro blanco, vela de barco
que surca el mar de mi locura.

La belleza atrapada en el trazo de tu sombra
es una cosa que ahuyenta la ignorancia,
los temores y las dudas.

Estampas

La vieja observa a sus nietos
mientras la tarde se desvanece
los niños se columpian, su inocencia es de oveja
su ternura de pajaritos.

Ellos no saben que la abuela no estará
cuando cumplan veintiséis
nadie recordará esas risas
y esas nubes pintadas de rojo en el ocaso.

El aire se lo lleva todo,
la vida es una golondrina viajera.

Canción prehispánica

Nos hemos quedado sin alas
nos hemos quedado sin garras
nos quedamos sin aire
nos quedamos sin agua,
aunque fuimos aves de monte
aunque fuimos peces de mares,
nuestra tierra nunca tuvo horizontes.

Vamos por el polvo a acurrucar nuestro sueño
estamos cansados
cansados del camino
cansados del habla.
La palabra es una puerta cerrada
la imaginación se seca
la poesía perece
las flores se marchitan
los cantos sucumben
están llenos de silencio los dioses
están tristes los hombres
y están solos, cada vez más solos.

Poemas al vuelo, terrenales

Lo que llamamos el significado fundamental de las palabras es lo inicial en él, lo cual no aparece al principio, sino al final e, incluso, nunca como una formación preparada que nosotros pudiéramos representar como algo por sí mismo. El así llamado significado fundamental actúa de una manera oculta en todos los modos de decir la respectiva palabra.
Parménides, Martin Heidegger

Proemio

La noticia de que mi abuela había muerto llego indiscutible. Se sumaron ochenta y ocho años, los mismos desde que en la otra parte del mundo el viejo Heidegger dio a luz a *Ser y Tiempo*. Hace tiempo que ella había partido indirectamente, cuando perdió el modo *adecuado* de llamar a las cosas, sumiéndose en la demencia. Desde entonces su cuerpo y su modo de estar en el mundo fue ya como una sombra que clamaba desde dentro que la muerte viniera por ella.
Hoy ha ido a descansar, a reunirse con sus amados recuerdos, su infancia, sus parientes, el pueblo viejo que brilló siempre en su alma. No la llamé madre porque no broté de sus entrañas, pero fue por decir, la primera mujer que me tomó en sus brazos antes de abrir los ojos y descubrir el nombre del color con que puede

describirse a los duraznos, qué nombre tiene la noche,
cómo llamar al miedo o a eso que desazona al escuchar
el hocico que nos gruñe afuera de la puerta.
Abuela, descansa al fin. Has pasado a ser sustancia,
esencia, decididamente llama primera que se enciende
para siempre en la memoria.

I

A estas horas tu cuerpo
ceniza de encino, polvo de maíz tostado
desde la noche como una semilla infinita
está sufriendo porque no puede echar raíces
ni extenderse, ni brotar hacia afuera para darnos sombra,
fortuna, flores, silencio.
Santa madre Emiliana has querido volver a ser tierra,
las paredes de tu sepulcro hecho a prisa
te quitan la sonrisa, te impiden salir a caminar
para mudar tus becerros, tus ovejas, tus gallinas,
tus perros, tus gatos y tu puerco.
Hace falta quien riegue tus plantas, haga las tortillas,
nos enseñe a chapear el monte.
Emiliana, triste y callada, voy a llevar tus huesos
cerquita de tu querida Alejandrina
para que cuando amanezcan los dulces días del verano
puedas alegrarte al mirar tu rancho,
tus hermanos, tu gente,
a pesar de que muchos no entiendan
la realidad de ese misterio.

II

Me he despertado a la mitad de la noche
masticando una verdad que es sueño,
la vida es tan breve aquí en la tierra
y tan eterna después en la ausencia.
Hemos llegado a ser flor entre las flores
a dar perfumes y colores.
Venimos de no sé dónde,
el sol es el patrón, la tierra nuestra madre.
Aquí venimos a vivir no para siempre
hemos venido a estar aquí en la tierra
no para siempre es todo esto...
solo un momento, solo palabras quedarán,
solo cantos,
venimos a ser solo canto, hemos venido a ser
solo palabra,
hay que dar, pues nuestra palabra,
como el agua en jícara de oro demos cantos
echemos flores de bellos colores
llenemos de perfumes los campos
los caminos por donde pasa el hombre
y la mujer que nos entrega sus dones
nos da su manto, su leche azucarada.

III

Poesía, poesía, basta, basta,
estoy hasta el retruécano de nombrarte
o mejor dicho ¡hasta la madre!
en la amplia textura de la palabra.
Te crees muy honda y eres una ciega
cuando necesito divisar el fondo de las mazmorras
donde siembro mis pasos,

y cuando andas hambrienta de peces
mi remanso está vacío,
sigues siendo lo que eras hace dos mil años,
charlatana.
Yo seguiré buscando lo que hacía una década
no busco más,
pero si en el andar te encuentro, vieja pueril,
ya sea en el trajinar de la calle,
la tranquilidad del bosque,
la orgía de una cantina,
o en la sobriedad de un cementerio.
Entonces: cuéntame todo lo que has visto, ladina,
que yo sabré escucharte como un pequeño niño
que anda en busca de su madre.

IIII

En el cuarto salpicado de sombra
hay un espejo salpicado con mis cosas;
puedo estar tranquilo ante la duplicidad del reflejo.
No son dos, a pesar de mirar de pronto,
otra puerta, otra mesa, otro librero viejo.
Así como no hay aquí dos vidas
a pesar de estar allí dentro; otro también que escribe.
Y a veces quiero, sí quiero ser el del fondo
y borrarme inútilmente al cerrar está libreta,
y esconderme como siempre
en los laberintos salpicados del polvo de las calles.

V

Y fue mi madre
la que me arropó con encajes

de finos pétalos.
La que me hizo despertar
salir de la tierra
donde por siglos
hice mi nido.

VI

La promesa de escribir no es vana, hace tiempo que guardo los fragmentos de un texto inconcluso. Pero mi tarea es aplazada continuamente, el fluir de los días me atrapa con su brujería, es un constante hechizo el pasar de los días, uno se queda impávido gozando de sus rebosantes sabores, cuánto entusiasmo, cuánta energía impulsa sin decrecer el carro de la vida. El poema es fruto de esa vitalidad derramándose, es la eyaculación de un ser ingobernable cuyo principal objeto es preservar el extraordinario garabateo de la existencia. Estoy frente a todos los caminos, frente a todas las puertas, ante todos los destinos. Dueño de mí, el solitario que he sido siempre. Insisto en redactar lo postergado, aclarar de su lenguaje impreciso los signos de la media noche, los rostros de los días, eso que cubre el mundo de poemas.

Asume tu muerte,
ahora, por ejemplo:
mientras tu sombra se divierte
lanzándose sobre el pavimento
siendo arrollada por los autos
y la luz del primer sol de la mañana
que apunta con su dedo índice la ciudad.
No es necesario quemarla,
arde de todos modos en los cristales;
en esta ciudad de incendios apagados,
por cuanto espejo aparezco
ya montado en mi esqueleto
con las tripas calcinadas adentro del cuerpo.

Ascetismos horrores del lenguaje,
ardor de piernas al herir el paso dramático,
horas caídas en retaguardia,
divino elixir
amor absuelto en rara estirpe por nacer.
Y los ganglios frescos en la entrepierna derramados.
Dibujo el nombre desconocido de Dios.
Aquí estamos todos sus mentores juntos
y los hijos de los hijos,
asesinos,
domadores de corceles
y mujeres rameras
y tigres
y reyes absolutamente pobres
mendigos de cariño y sexo.

Yo soy uno de esos antiguos alguienes,
meditativo,
enquilosaurio citadino,
filantrópica sombra a la deriva
un recuerdo recurrente
al estar atento al abismo.

Suelta los cabellos elefante absurdo
metiflaco parolixuco
derrumbe en la rosa funte
blanda espinuda.

¡Qué perrita está pinche postura cobarde
de encogerse de hombros y no levantar la mano
y decir yo soy el más cabrón!

Porque no,
ya no hay nada de eso.
Aquí nadie, nadie hay, ya no,
no mira nadie más
nadie se atreve siquiera nombrar
el fantástico nombre de los fantásticos
Euite kiez ejezvezkedele Bedijodandikeloz

Filosofía

I

Muchas veces bajé con ella a su jacal de tierra. Mientras echaba tortillas para sus hermanos yo cantaba alguna de Bronco o le daba de comer a los puercos. Un día me la encontré camino a la biblioteca. Me dijo que debía hacer una tarea. —Necesito un libro de *filosofía*— fue la primera puta vez que yo oía esta palabra.

II

Filosofía me sonó en tu boca, tan lastimero y triste como la palabra, melancolía.

Porno

Estoy teniendo sexo con imágenes de mujeres desechables, ningún afecto me orilla a clavar mis estigmas en su piel. ¿Qué clase de amor existiría en esta vitalidad pornográfica? Endulzándome la vista con todo descaro, las hago parir en silencio, sin reclamaciones. Me restriego la voz en el incendio, huele a cal nuestro pecado, prefiero determinar así el olor del nacimiento. Arden mis caricias como un bálsamo oscuro recubriendo una llaga que no cierra. Tiéndome de besos sin decoro, los hago calcinar mi propia lengua. Hablo y hablo de lo mismo, no importa, todo esto se confunde con un rezo. Afuera hay gatos increíbles al abandono, tentada es así mi alma por defender su propio delirio, más por la senda de mis venas se abre paso y se masturba, desechándose aburrida, no en la ostra milenaria cuyo fruto es el hombre feto, sino al cambro citadino, al embrión de trapo o la mano entorpecida de ser diestra.

www.ingramcontent.com/pod-product-compliance
Lightning Source LLC
LaVergne TN
LVHW040958150826
845672LV00002B/757

* 9 7 8 6 0 7 9 9 8 4 8 5 4 *